AF452040

CHANTS
MILITAIRES

CHANSONS DE ROUTE

ET

REFRAINS DE BIVOUAC

CHANTS
MILITAIRES

CHANSONS DE ROUTE

ET

REFRAINS DE BIVOUAC

PAR LE

Commandant DU FRESNEL

4ª ÉDITION

PARIS
Henri CHARLES-LAVAUZELLE
Éditeur militaire
118, Boulevard Saint-Germain, Rue Danton, 10

(MÊME MAISON A LIMOGES)

NOTE DE L'ÉDITEUR

Pour répondre à un désir qui nous a été souvent exprimé, en même temps que nous mettons sous presse cette quatrième édition des *Chants militaires*, nous avons fait graver la musique (chant seul) de ceux de ces petits poèmes dont les airs se prêtent le mieux à la marche.

Cette dernière publication forme un nouveau volume de notre bibliothèque sous le titre : « En Marche ! »

Les pièces dont la musique est ainsi publiée sont marquées du signe * dans le présent volume.

ENVOI

                              [gloire
Nos soldats d'aujourd'hui n'ont pas connu la
Qui porta leurs aînés de victoire en victoire.
Depuis plus de vingt ans, la défaite a tracé
Comme un sillon d'oubli sur ce brillant passé.
Le moment est venu de rouvrir le grand livre
Des combats triomphants et de faire revivre
Ces pages d'autrefois, du temps de nos succès,
Du temps où l'on était si fier d'être Français.
Messieurs, en attendant que ces beaux jours re-
                              [viennent,
Je crois que, si parfois nos soldats s'entretien-
                              [nent
De lauriers à cueillir, ils auront plus de cœur
Pour se battre demain dans un élan vainqueur!
Puis, j'élève bien haut le drapeau, l'espérance,
Et je dis aux enfants : Saluez, c'est la France!
Et je dis aux vieillards : Il est le souvenir!
...Et je dis aux soldats : Faites son avenir!

Cte DU FRESNEL.

1.

CHANTS MILITAIRES

VIVENT LES GAULES !

Musique de Ch.-L. Hess.

I

Aux armes ! L'étranger souille le sol gaulois,
Apportant l'esclavage et ses honteuses lois.
Du fond de leurs tombeaux, nos ancêtres gémissen
Les francisques de fer, les boucliers frémissent…

> Tant que nos cœurs battront,
> Tant que nos cheveux flotteront
> Sur nos épaules,
> Tant qu'un Gaulois sera debout,
> Il criera jusqu'au bout :
> Vivent les Gaules !

II

Ils veulent nous soumettre ou nous anéantir.
De ceux qui sont entrés pas un ne doit sortir.

Réveillons hardiment la haine héréditaire
Et le sang des bandits fumera notre terre.

Tant que les cieux luiront,
Tant que les ruisseaux couleront
Aux pieds des saules,
Nous chanterons avec fierté :
Vive la liberté !
Vivent les Gaules !

L'ARRIVÉE AU GITE

CHANT DU 62ᵉ

Musique de E. FEAUTRIER
Editeur : E. CHATOT**.

I

Le teint bruni, la tête haute,
L'arme à l'épaule et sac au dos,
Il gravit la dernière côte,
Avant le moment du repos.
Il marche en colonne par quatre,
D'un pas guerrier et solennel,
Fier et toujours prêt à se battre
Au signal de son colonel.

Refrain.

Au milieu de la grande place,
Le cœur content,
Voilà le régiment qui passe
Drapeau flottant.

II

Notre drapeau dit notre histoire,
Riche de plus d'un souvenir ;
En songeant aux vieux jours de gloire,
Les cœurs se sentent rajeunir.
Venez, vieillards à têtes blanches,
Reverdir en nous entendant,
Et, vous redressant sur vos hanches,
Nous bénir en nous regardant.

Refrain.

Au milieu de la grande place,
Le cœur content,
Voilà le régiment qui passe
Drapeau flottant.

III

Campagnard à la forte épaule,
Jeune homme à la petite main,
Venez apprendre votre rôle,
Vous qui serez soldats demain ;
Venez aussi, vaillante fille,
Sœur ou femme au front triomphant ;
L'armée est la grande famille,
Le père y précède l'enfant.

Refrain.

Au milieu de la grande place,
        Le cœur content,
Voilà le régiment qui passe
        Drapeau flottant.

IV

A ce grand nom de la Patrie
Que nous enseigne l'officier,
Au nom de la France meurtrie,
Au bruit de nos canons d'acier,
Au chant de nos clairons de cuivre,
Tout bon Français doit s'attendrir ;
L'âme s'éveille, on se sent vivre,
Et l'on apprend à bien mourir.

Refrain.

Au milieu de la grande place,
        Le cœur content,
Voilà le régiment qui passe
        Drapeau flottant.

L'ATTAQUE

Musique de E. FEAUTRIER.
Éditeur : E. CHATOT.

I

L'ennemi s'étant installé
Sur le versant de la colline,
Nos éclaireurs l'ont signalé :
Mon cœur bondit dans ma poitrine !
Le vieux soldat qui nous conduit
Sourit fièrement, nous arrête....
Et nous dit d'attendre sans bruit
Qu'il dicte l'ordre de la fête.

Refrain.

Calme, l'œil fier sous ses larges sourcils,
Se présente à nous la Victoire....
Enfants, du bout de nos fusils,
Écrivons l'histoire.

II

Par un petit sentier ombreux,
On pousse une reconnaissance :
Elle croit l'ennemi nombreux
Et tout prêt à la résistance.
Mais nous n'en voulons rien savoir;
Si les événements sont graves,
Nous connaissons notre devoir
Et nous serons d'autant plus braves.

Refrain.

Calme, l'œil fier sous ses larges sourcils,
Se présente à nous la Victoire....
Enfants, enfants, du bout de nos fusils,
Ecrivons l'histoire.

III

La colonne, se déployant,
Entre dans la vallée étroite :
Deux bataillons vont en avant,
Le troisième se porte à droite.
Moi, j'élève mon âme à Dieu....
Mais qu'il se hâte de m'absoudre;
On vient de commencer le feu
Et j'aime l'odeur de la poudre !

Refrain.

Calme, l'œil fier sous ses larges sourcils,
Se présente à nous la Victoire....
Enfants, du bout de nos fusils,
Ecrivons l'histoire.

IV

Ce fut long, mais ce fut bien beau
De voir courir les camarades
Se serrant autour du drapeau,
Au milieu de vingt fusillades.
Et vers le soir de ce grand jour
Notre chef se voila la face :
Il pleurait de joie et d'amour :
Nous étions maîtres de la place !

Refrain.

Calme, l'œil fier sous ses larges sourcils,
Se présente à nous la Victoire....
Enfants, du bout de nos fusils,
Ecrivons l'histoire.

LE VOLONTAIRE INVOLONTAIRE

Musique de E. Feautrier.
Editeur : E. Chatot.

I

Te voilà donc sous l'uniforme !
Tout le monde y passe à présent.
C'est la loi; chacun s'y conforme,
Et ce n'est pas si déplaisant.
Mais crains la salle de police,
Evite surtout la prison,
Souviens-toi que, dans le service,
Le sergent a toujours raison.

Refrain.

L'armée est une noble chose
Où, comme ailleurs, tout n'est pas rose;
La gloire a son mauvais côté
Mais, volontaire involontaire,
Il faut que l'habit militaire,
Soit toujours vaillamment porté

II

Quand tu poursuivras de doux rêves.
Le tambour battra le réveil ;
Vite il faudra que tu te lèves
Avant le lever du soleil. .
Voici l'heure de l'exercice :
Habillez-vous, équipez-vous ;
Il faut que je vous dégrossisse.
Allons, blancs-becs, dépêchons-nous !

Refrain.

L'armée est une noble chose
Où, comme ailleurs, tout n'est pas rose ;
La gloire a son mauvais côté
Mais, volontaire involontaire,
Il faut que l'habit militaire
Soit toujours vaillamment porté

III

D'abord votre veste est mal mise,
Et, par-dessus votre collet,
Je vois surgir votre chemise ;
Çà, rasez-moi ce poil follet.
Dégagez-moi cette tignasse :
On peut se passer de cheveux,
Et tout ce qui nous embarrasse
Doit prendre son congé comme eux.

Refrain.

L'armée est une noble chose
Où, comme ailleurs, tout n'est pas rose ;
La gloire a son mauvais côté
Mais, volontaire involontaire,
Il faut que l'habit militaire
Soit toujours vaillamment porté

IV

Faut-il vous faire une prière ?....
Quand vous voudrez.... Levez les yeux !
Le petit doigt plus en arrière....
— Seigneur, est-ce assez ennuyeux ?
— Prenez une pose correcte....
Vous ressemblez à des troupeaux....
Fixe ! Tous, la tête directe ;
Là, c'est bon.... *En place.... repos.*

Refrain.

L'armée est une noble chose
Où, comme ailleurs, tout n'est pas rose ;
La gloire a son mauvais côté
Mais, volontaire involontaire,
Il faut que l'habit militaire
Soit toujours vaillamment porté

LE CAFÉ *

Musique de E. Feautrier
Éditeur : E. Chatot.

I

Le café sert à tout usage :
Le café garde la santé,
Le café donne du courage,
Le café donne la gaité.
Le sucre lui prête un air tendre ;
Et, quand on y met du cognac,
Le feu sacré commence à prendre :
On ne sent plus le poids du sac.

Refrain.

Jamais, je ne me trompe guère,
Depuis qu'on fait la grande guerre,
Un général n'a triomphé
          Sans le café.

II

Pour qu'il soit bon, chacun s'agite :
On fend du bois, on creuse un four,
Et, quand l'eau bout dans la marmite,
L'escouade se rassemble autour.
Le café s'allie à la gloire,
Le bon Dieu l'a fait tout exprès :
On en boit avant la victoire
Et l'on en boit encore après.

Refrain.

Jamais, je ne me trompe guère,
Depuis qu'on fait la grande guerre,
Un général n'a triomphé
     Sans le café.

III

Le matin, pour remplir sa gourde,
Avant de se mettre en chemin,
Ne la trouvant jamais trop lourde,
Le soldat court, le quart en main ;
Et, si par hasard, sur la route,
Il se sent faiblir un instant,
Il avale une bonne goutte
Et reprend la marche en chantant :

Refrain.

Jamais, je ne me trompe guère,
Depuis qu'on fait la grande guerre.
Un général n'a triomphé
Sans le café.

IV

Combien de fois, dans la bataille,
Le cœur ému je suis passé
Près d'un ami que la mitraille
Avait couché dans le fossé!
Je réchauffai son teint livide
Avec un coup de café noir....
Tant que le bidon n'est pas vide,
On doit conserver de l'espoir.

Refrain.

Jamais, je ne me trompe guère,
Depuis qu'on fait la grande guerre,
Un général n'a triomphé
Sans le café.

L'EMBUSCADE

Musique de E. Frautrier.
Éditeur : E. Chatot.

I

Au fier sergent qui conduit notre escouade
    L'ordre est transmis
De nous poster pour tendre une embuscade
    Aux ennemis.
Le vieux sergent, cité pour son mérite
    Plus d'une fois,
Choisit la place et gaîment nous abrite
    Au coin d'un bois.

Refrain.

D'un blanc manteau, comme un mystère,
La neige recouvrait la terre ;
Mais on ne sent froid, ni grésil,
Quand on attend, chose plaisante,
Qu'une colonne se présente,
Pour la saluer à coups de fusil.

II

Or, le sergent nous dit : « Que chacun tâche
    De se loger
Et veille au grain ! » Puis frisant sa moustache,
    Nous fait charger
Nos vingt fusils... « Mes enfants, plus un geste !
    Je sais pourquoi,
C'est mon secret. Je me charge du reste ;
    Comptez sur moi. »

Refrain

D'un blanc manteau, comme un mystère,
La neige recouvrait la terre ;
  Mais on ne sent froid, ni grésil,
  Quand on attend, chose plaisante,
  Qu'une colonne se présente,
Pour la saluer à coups de fusil.

III

Nous attendons bien longtemps dans la glace,
    Quand vers le soir,
Deux cavaliers, puis trois... la pointe passe,
    Mais sans nous voir ;
Après la pointe, un escadron s'élance
    Au petit trot...
Et nous gardons prudemment le silence,
    Ne soufflant mot.

Refrain

D'un blanc manteau, comme un mystère,
La neige recouvrait la terre ;
Mais on ne sent froid, ni grésil,
Quand on attend, chose plaisante,
La colonne qui se présente,
Pour la saluer à coups de fusil.

IV

Halte, messieurs ! crie une voix qui tonne,
            En présentant
Nos vingt canons braqués sur la colonne
            A bout portant...
Et nous rentrons sans l'éclat des trompettes
            Et sans clairon,
Mais encadrant de nos vingt baïonnettes
            Tout l'escadron.

Refrain

D'un blanc manteau, comme un mystère,
La neige recouvrait la terre ;
Mais on ne sent froid, ni grésil,
Quand on reçoit, chose plaisante,
La colonne qui se présente,
En la saluant à coups de fusil.

LE POSTE ENLEVÉ

Musique de E. FEAUTRIER.
Editeur : E. CHATOT.

I

Pour une tâche sans pareille,
A l'heure où tout dort, à minuit,
L'un après l'autre on nous réveille;
Nous prenons les armes sans bruit.
Par un ravin que le vent glace,
Nous cheminons, sans savoir où,
Les yeux baissés, la tête basse,
Dans les ajoncs jusqu'au genou.

Refrain

L'affaire est pourtant incertaine;
Mais c'est un bon coup, mes amis :
    Notre capitaine
    Nous l'a promis.

2

II

Avant de franchir la grand'garde,
Pour nous remettre dans sa main,
Le capitaine nous regarde,
Nous forme en cercle et dit enfin :
Il faut tromper leur vigilance :
Que l'ennemi n'entende rien !
Suivez-moi, marchons en silence,
Mes enfants, et tout ira bien. »

Refrain

L'affaire est pourtant incertaine ;
Mais c'est un beau coup, mes amis :
    Notre capitaine
    Nous l'a promis.

III

Une voix grave et solennelle
Nous crie un peu tard : « Halte-là ! »
Nous poignardons la sentinelle,
Dans l'ombre, et passons au delà....
La nuit est de plus en plus dense.
Nous nous glissons mystérieux ;
Encore un instant de prudence,
Et nous sommes victorieux !

Refrain

L'affaire est pourtant incertaine ;
Mais c'est un beau coup, mes amis :
    Notre capitaine
    Nous l'a promis.

IV

Or, l'alarme gagne le poste ;
Le chef ennemi vient à nous ;
Notre capitaine l'accoste
Revolver au poing : « Rendez-vous !
— Non ! — Feu ! » le signal de la noce.
« En avant ! » le poste est surpris !
Nous pénétrons à coups de crosse....
« Hourra, hourra ! le poste est pris ! »

Refrain

L'affaire n'est plus incertaine,
Ce fut un beau coup, mes amis !
    Notre capitaine
    L'avait promis.

LA POPOTE LA FLOTTE

Musique de E. Feautrier.
Editeur : E. Chatot.

I

L'meilleur des présidents
Dévore à belles dents ;
C'est un vieux loup d'Afrique :
Qui s'y frotte, s'y pique.
On a la vu' d'la mer
Et ça n'coût' pas plus cher.
A notre table amie,
Tout est économie.

Refrain.

Chers camarades, sous ce toit,
On chante, on rit, on mange, on boit.
Entrez, c'est la popot' La Flotte.
Ce n'est pas un' gargote
Où l'on se met en ribote,
Où l'on tripote,

Où l'on complote,
Où l'on vivote,
Où l'on radote,
Où le pilote,
N'est qu'un despote
Qui chipote,
Ergote,
En présentant sa note :
Non, non, c'est la popot' La Flotte.

II

Quant à notre menu,
Il est vite connu,
Quoiqu' nous croquions à peine
Vingt lapins par semaine :
Pour entrée, un concert,
Idem pour le dessert ;
Un plat après l'potage
Et souvent du fromage.

Refrain.

Chers camarades, sous ce toit,
On chante, on rit, on mange, on boit.
Entrez, c'est la popot' La Flotte.
Ce n'est pas un' gargote
Où l'on se met en ribote,

Où l'on tripote,
Où l'on complote,
Où l'on vivote,
Où l'on radote,
Où le pilote
N'est qu'un despote
Qui chipote,
Ergote,
En présentant sa note :
Non, non, c'est la popot' La Flotte.

III

On sert peu d'étourneaux,
Mais beaucoup d'bigorneaux,
Et, dans not' vin revêche,
On n' ménag' pas l'eau fraîche ;
Le bourr' parait quéqu' fois :
On se le montre aux doigts ;
Mais de suit' on le range,
De peur que l'on en mange.

Refrain.

Chers camarades, sous ce toit,
On chante, on rit, on mange, on boit.
Entrez, c'est la popot' La Flotte.
Ce n'est pas une gargote

Où l'on se met en ribote,

Où l'on tripote,

Où l'on complote,

Où l'on vivote,

Où l'on radote,

Où le pilote

N'est qu'un despote,

Qui chipote,

Ergote,

En présentant sa note

Non, non, c'est la popot' La Flotte.

IV

A ceux qui par hasard

Arrivent en retard,

On ne donn' qu'une assiette,

Pour qu'ils gardent la diète.

Tout est toujours charmant ;

C'est dit dans l'règlement :

Toutes plainte et demande

Sont mises à l'amende.

Refrain.

Chers camarades, sous ce toit,

On chante, on rit, on mange, on boit.

Entrez, c'est la popot' La Flotte

Ce n'est pas une gargote

Où l'on se met en ribote,
Où l'on tripote,
Où l'on complote,
Où l'on vivote,
Où l'on radote,
Où le pilote
N'est qu'un despote
Qui chipote,
Ergote,
En présentant sa note :
Non, non, c'est la popot' La Flotte.

V

Quant vient un invité,
On sert du vin cach'té ;
On ajoute une om'lette,
Et la fête est complète.
Tout l'monde est d'bonne humeur;
On trinque de bon cœur,
Et sans faire d'enquête
Sur aucune étiquette.

Refrain.

Chers camarades, sous ce toit,
On chante, on rit, on mange, on boit
Entrez, c'est la popot' La Flotte.

X.

Ce n'est pas une gargote
Où l'on se met en ribote,
Où l'on tripote,
Où l'on complote,
Où l'on vivote,
Où l'on radote,
Où le pilote
N'est qu'un despote
Qui chipote,
Ergote,
En présentant sa note :
Non, non, c'est la popot' La Flotte.

TIC TOC

Musique de E. Feautrier.
Editeur : E. Chatot.

I

Camarades, pour le Maroc,
Notre ami part, fier comme un coq,
Un nouveau galon sur la toque.
Notre ami ne perd pas au troc.

Refrain.

Tic, toc, tic, toc, faisons tic, toc,
Tic, toc, toc, toc, tic, toc.

II

Tous ici réunis *ad hoc,*
Préférant le bon vin au roc
Et la franchise à l'équivoque,
En son honneur faisons tic, toc !

Refrain.

Tic, toc, tic, toc, faisons tic, toc,
Tic, toc, toc, toc, tic, toc.

III

A sa santé, buvons un bock,
Champagne, bourgogne ou médoc.
En songeant aux verres qu'on choque,
Qu'il frappe de taille et d'estoc !

Refrain.

Tic, toc, tic, toc, faisons tic, toc,
Tic, toc, toc, toc, tic, toc.

LE CAMP DE COULAC

Musique de E. Feautrier.
Editeur : E. Chatot.

I

Amis qui désirez savoir
Ce qu'on trouve sur la montagne
Du camp de Coulac, en Bretagne,
Amis qui désirez l'savoir,
Je vous engage à l'aller voir.
Trois moulins, un' vieille chapelle,
Voilà tout c' que je me rappelle.
Je vous engage à l'aller voir.

Refrain.

L'été, Coulac est un' fournaise
Et, l'hiver, Coulac est un lac ;
Mais vive le camp de Coulac !
V'là l'esprit de l'armé' française !

II

Il coule dans son petit lit,
Le ruisseau d'où l'on tire à boire ;
D'autres s'y lav' que l'eau d'vient noire :
On le voit dans son petit lit.
L'colonel au rapport a dit
Qu'il ne fallait plus que l'on fasse
L'un et l'autre à la même place :
L'colonel au rapport l'a dit.

Refrain.

L'été, Coulac est un' fournaise
Et, l'hiver, Coulac est un lac ;
Mais vive le camp de Coulac !
V'là l'esprit de l'armé' française !

III

Matin et soir, tir incessant
De tout côté, à tout' distance ;
Le tir a tell'ment d'importance…
Matin et soir, tir incessant.
C'qui m'chiffonn' ce sont les pour cent,
Où les silhouettes couchées
Sont quelquefois les mieux touchées ;
C'qui m'chiffonn' ce sont les pour cent.

Refrain.

L'été, Coulac est un' fournaise
Et, l'hiver, Coulac est un lac ;
Mais vive le camp de Coulac !
V'là l'esprit de l'armé' française !

IV

Par derrière un bois de sapins,
On installe souvent la cible ;
Ce qui n'empêch' pas qu'on la crible
Par-dessus le bois de sapins.
Nous somm's de si fameux lapins
Qu'il faut espérer qu'à la guerre
Nos enn'mis n'se montreront guère :
Nous somm's de si fameux lapins !

Refrain.

L'été, Coulac est un' fournaise
Et, l'hiver, Coulac est un lac ;
Mais vive le camp de Coulac !
V'là l'esprit de l'armé' française !

V

Autour du camp formant signal,
On voit maint tonneau qu'on admire,

Semblables à des points de mire,
Autour du camp formant signal,
Comme à Lorient dans l'arsenal.
C'est sans doute que le Génie
A voulu prévoir l'incendie,
Comme à Lorient dans l'arsenal.

Refrain.

L'été, Coulac est un' fournaise
Et, l'hiver, Coulac est un lac;
Mais vive le camp de Coulac !
V'là l'esprit de l'armé' française !

VI

Les grognards trouv'nt qu'il pleut souvent;
Ils disent que l'anné' dernière
Le camp n'était qu'un' vaste ornière.
Les grognards trouv'nt qu'il pleut souvent.
Moi, je n'ai senti que du vent :
Nos chants guerriers et nos courages
Ont dissipé tous les orages;
Moi je n'ai senti que du vent.

Refrain.

L'été, Coulac est un' fournaise
Et, l'hiver, Coulac est un lac;
Mais vive le camp de Coulac !
V'là l'esprit de l'armé' française !

YVONNE

Musique de E. Feautrier,
Editeur : E. Chatot.

I

Un jour, pour servir ma patrie,
J'ai dû tout quitter en partant :
Mon clocher, ma mère chérie,
Mon Yvonne que j'aime tant.
« Que Dieu te garde, petit Pierre ! »
Me dit-elle au bout du chemin.
Des larmes brûlaient sa paupière
Et moi je lui baisais la main.

Refrain.

Je sais Yvonne fidèle.
Au combat j'irai sans effroi :
Moi, je me souviendrai d'elle,
Elle priera Dieu pour moi.

II

Moi qui ne savais pas écrire,
Ni même lire en arrivant,
— Camarades, n'allez pas rire —
Je lis déjà comme un savant;
Je lis seul les lettres d'Yvonne
Et je suis certain que bientôt
Je n'aurai besoin de personne
Pour lui tracer un petit mot.

Refrain.

Je sais Yvonne fidèle.
Au combat j'irai sans effroi :
  Moi, je me souviendrai d'elle,
  Elle priera Dieu pour moi.

III

Grandeur d'âme, fierté, courage,
Cela s'apprend au régiment;
L'armée en transmet l'héritage :
C'est l'école du dévouement.
On meurt pour garder sa consigne;
L'esprit s'ouvre, le cœur s'étend :
J'en reviendrai meilleur, plus digne
De mon Yvonne, qui m'attend.

Refrain.

Je sais Yvonne fidèle,
Au combat j'irai sans effroi :
Moi, je me souviendrai d'elle,
Elle priera Dieu pour moi.

IV

Bien que je ne m'occupe guère
De politique au régiment,
J'apprends qu'on va faire la guerre;
Si j'avais de l'avancement....!
L'amour d'Yvonne est un grand maitre :
Si j'avais un peu de bonheur,
Qui le sait? je pourrais peut-être
Lui rapporter la croix d'honneur.

Refrain.

Je sais Yvonne fidèle,
Au combat j'irai sans effroi :
Moi, je me souviendrai d'elle,
Elle priera Dieu pour moi.

LES PETITS VOLONTAIRES

Musique de A. Pinatel,
Editeur : A. Pinatel

I

Le fusil sur l'épaule,
Et le sac sur le dos,
Apprenons notre rôle,
Sans trêve ni repos.
Il faut être robuste,
Courir à travers champs,
Viser et tirer juste
Et braver tous les temps.

Refrain.

Les petits volontaires
Marchent crânement
Au commandement,

Comme des militaires ;
Cadençant le refrain
 Des clairons de cuivre,
 Toujours prêts à suivre
Avec le même entrain !

II

Nous savons que la France
A fléchi les genoux.
Nous sommes l'espérance :
Elle compte sur nous,
Quand nos mères vaillantes
Nous diront : « Mes enfants,
Des batailles sanglantes,
Revenez triomphants ! »

Refrain.

Les petits volontaires
 Marchent crânement
 Au commandement,
Comme des militaires ;
Cadençant le refrain
 Des clairons de cuivre,
 Toujours prêts à suivre
Avec le même entrain !

III

Alors aux appels graves
De la poudre des combats,
    Nous répondrons en braves,
En marchant du même pas.
    Sous la petite taille,
On sent battre un cœur hardi :
    Le jour de la bataille,
Les enfants auront grandi.

Refrain.

Les petits volontaires
    Marchent crânement
    Au commandement,
Comme des militaires ;
Cadençant le refrain
    Des clairons de cuivre,
    Toujours prêts à suivre
Avec le même entrain !

LE RÉSERVISTE

Musique de E. Feautrier.
Editeur : E. Chatot.

I

Labourant le champ de mon père,
J'étais tranquillement chez moi,
Et je ne songeais plus, ma foi !
Qu'un jour j'irais faire la guerre.
Je vivais content, au milieu
De notre modeste famille,
Elevant mon fils et ma fille
Sans éclat et sans bruit, dans la crainte de Dieu.

Refrain.

La France, amis, m'appelle à l'improviste ;
Je laisse tout pour remplir son mandat.
Vous apprendrez qu'un simple réserviste,
Jeunes conscrits, est encore un soldat.

II

Quoi qu'on dise et quoiqu'il m'en coûte,
Je sais encor porter le sac ;
J'allume le feu du bivac,
Et, quand la colonne est en route,
Je ne traine pas en chemin.
A mon tour, je vous le demande,
N'est-ce pas moi que l'on commande
Quand on cherche quelqu'un pour faire un coup de main

Refrain.

La France, amis, m'appelle à l'improviste ?
Je laisse tout pour remplir son mandat.
Vous apprendrez qu'un simple réserviste,
Jeunes conscrits, est encore un soldat.

III

Si jamais j'ai peur de l'orage
Qui tonne au plus fort des combats,
Au nom de ceux qui sont là-bas,
Je saurai reprendre courage.
En me souhaitant au revoir,
Simone, pleine d'assurance :
« Pour les petits et pour la France,
Sois brave, a-t-elle dit, et fais tout ton devoir ! »

Refrain.

La France, amis, m'appelle à l'improviste ;
Je laisse tout pour remplir son mandat.
Vous apprendrez qu'un simple réserviste,
Jeunes conscrits, est encore un soldat.

IV

Hier, ce fut un jour de gloire ;
Ma Simone, réjouis-toi,
Mes enfants, soyez fiers de moi :
Nous avons enrichi l'histoire.
Deux balles m'ont rayé la peau ;
Peu de chose, Dieu me conserve !
Mais c'est moi, soldat de réserve,
Qui sur le sol conquis plantai notre drapeau.

Refrain.

La France, amis, m'appelle à l'improviste ;
Je laisse tout pour remplir son mandat.
Vous apprendrez qu'un simple réserviste,
Jeunes conscrits, est encore un soldat.

LES RUBANS

Musique de E. FEAUTRIER.

Ruban, tresse, galon, soutache,
    Les Français
Aiment cela; nul ne s'en cache,
    Je le sais.
Les rubans conduisent le monde.
    Vieux soldats,
C'est avec les rubans qu'on fonde
    Les Etats.

Refrain.

Aux frais baisers du vent qui passe,
Flots ou bannières, dans l'espace,
Les rubans aux vives couleurs
Brillent gaîment comme des fleurs.

II

Le chevalier quittant sa dame
    Tout en pleurs,
Jadis portait sur oriflamme
    Ses couleurs.
Il était sûr de la victoire
    Au combat.
L'amour conduisait à la gloire
    Le soldat.

Refrain.

Aux frais baisers du vent qui passe,
Flots ou bannières, dans l'espace,
Les rubans aux vives couleurs
Brillent gaiment comme des fleurs.

III

Le ruban, gracieux emblème
    Du bonheur,
Doit être l'insigne suprême
    De l'honneur.
Aussi quel est l'irrésistible
    Talisman,
Soldats, qui vous rend tout possible?
    — Un ruban.

Refrain.

Aux frais baisers du vent qui passe,
Flots ou bannières, dans l'espace,
Les rubans aux vives couleurs
Brillent gaîment comme des fleurs.

LA DERNIÈRE CARTOUCHE

Musique de E. Feautrier.
Editeur : E. Chatot.

I

C'est une grande bataille,
Les fusils et la mitraille
Parlent de plus en plus fort;
Mais l'air est pesant et sombre,
Les ennemis sont en nombre
Et nous manquons de renfort.
Le chef, qui sait notre audace,
Nous dit de tenir sur place,
D'y rester jusqu'à la mort.

Refrain.

Et chacun de nous, fier de la consigne,
Se disait tout bas : C'est Dieu qui désigne
Ceux qui tombent au champ d'honneur;
C'est le Dieu des combats qui nous porte bonheur.

II

Nous triplons nos fusillades,
Pendant que les camarades
S'éloignent par le chemin.
Si le canon nous maltraite,
Nous soutenons la retraite
Par un effort surhumain.
Grâce à nous, l'armée entière
Va se former en arrière
Et nous vengera demain.

Refrain.

Et chacun de nous, fier de la consigne,
Se disait tout bas : C'est Dieu qui désigne
Ceux qui tombent au champ d'honneur;
C'est le Dieu des combats qui nous porte bonheur.

III

Si l'ennemi nous enferme,
Nous attendons de pied ferme,
Comme au milieu d'un tournois,
Gardant pour la bonne bouche
Notre dernière cartouche,
Dans nos gibernes de bois.

Ces moments ont bien leurs charmes.
Nous avons chargé les armes.
C'était la dernière fois.

Refrain.

Et chacun de nous, fier de la consigne,
Se disait tout bas : C'est Dieu qui désigne
Ceux qui tombent au champ d'honneur;
C'est le Dieu des combats qui nous porte bonheur.

IV

Quand l'ennemi fut tout proche,
Le bataillon sans reproche
Se dressa debout, fit feu!....
A la décharge qui tonne,
L'assaillant troublé s'étonne
Et semble hésiter un peu ;
Alors à la baïonnette
Nous avons fait place nette.
Ce fut un fort joli jeu !

Refrain.

Et chacun de nous, fier de la consigne,
Se disait tout bas : C'est Dieu qui désigne
Ceux qui tombent au champ d'honneur;
C'est le Dieu des combats qui nous porte bonheur.

HYMNE
AU DRAPEAU DU RÉGIMENT

CHANT DU 76°

Musique de O. Coquelet,
Editeur : A. Pinatel.

Refrain.

Salut, drapeau du régiment !
Rappelle-toi les jours de gloire ;
Vaillant signal du ralliement,
Conduis nos pas à la victoire !

I

Drapeau, jeune héritier des grandeurs d'autrefois :
Ulm, Iéna, Friedland, Solferino, la croix *...
Si sur nous la défaite a fait peser son voile,
Ta croix brille toujours comme une blanche étoile.

---

* Le drapeau du 76° a été décoré à Solférino le 24 juin 1859

ou bien :

Drapeau, jeune héritier des grandeurs d'autrefois,
Sois digne du passé, redis-nous les exploits
Que nos vaillants aînés, se battant à outrance,
Ont accompli jadis sous les couleurs de France.

Refrain.

Salut, drapeau du régiment !
Rappelle-toi les jours de gloire ;
Vaillant signal du ralliement,
Conduis nos pas à la victoire !

II

Conscrits, le vieux drapeau, gardien du souvenir,
De son exil brumeux appelle l'avenir ;
Il attend qu'on l'éveille à la voix de la poudre,
Pour dresser sa grande ombre, enfants, et nous absoudre

Refrain.

Salut, drapeau du régiment !
Rappelle-toi les jours de gloire ;
Vaillant signal du ralliement,
Conduis nos pas à la victoire !

III

Le jour où la frontière entendra retentir
Le clairon des combats, en nous voyant partir,
Vieillards, bénissez-nous; jeunes filles de France,
Envoyez au drapeau le baiser d'espérance.

Refrain.

Salut, drapeau du régiment !
Rappelle-toi les jours de gloire ;
Vaillant signal du ralliement,
Conduis nos pas à la victoire !

IV

Les bras tendus vers lui, soldats, avec fierté,
A notre cher drapeau jurons fidélité.
Le drapeau, c'est l'honneur, c'est parfois la souffrance,
C'est le clocher; soldats, le drapeau, c'est laFrance !

Refrain.

Salut, drapeau du régiment !
Rappelle-toi les jours de gloire ;
Vaillant signal du ralliement,
Conduis nos pas à la victoire !

SAINT-CYRIENNE

Musique de L. Pinier,
Éditeur : Wasseur-Cadoux (1).

I

Au champ d'honneur, gaiment, pleins d'espérance
Fiers de donner, s'il le faut, notre sang,
Pour le salut, la grandeur de la France,
Nous marcherons toujours au premier rang.

Refrain.

Le voilà, sac au dos, le bataillon superbe,
   Rêvant victoires et lauriers,
   Aux vieux refrains des chants guerriers,
Le joyeux bataillon des généraux en herbe,
   Tout à la gloire, au plaisir,
   Le bataillon de Saint-Cyr.

---

(1) 18, rue Saint-Sulpice, à Paris.

II

En attendant que la patrie
Nous reconnaisse et nous confie
Ses fils à conduire aux combats,
Aujourd'hui nous sommes soldats.
Nous apprenons la discipline :
Devant elle chacun s'incline,
Pour obéir sans marchander,
Afin d'apprendre à commander.

Refrain.

Le voilà, sac au dos, le bataillon superbe,
Rêvant victoires et lauriers,
Aux vieux refrains des chants guerriers,
Le joyeux bataillon des généraux en herbe,
Tout à la gloire, au plaisir,
Le bataillon de Saint-Cyr.

III

Le premier bataillon de France
A pour devise : honneur, vaillance.
C'est l'héritage du passé
Que nos anciens nous ont laissé.
Chacun de nous avec courage
Se met de tout cœur à l'ouvrage,

Et, s'instruisant au souvenir,
Se prépare pour l'avenir.

Refrain.

Le voilà, sac au dos, le bataillon superbe,
Rêvant victoires et lauriers,
Aux vieux refrains des chants guerriers,
Le joyeux bataillon des généraux en herbe,
Tout à la gloire, au plaisir,
Le bataillon de Saint-Cyr.

LA VISITE DU MAJOR

Musique de Ch. L. Hess.
Editeur : L. Bathlot (*).

1er MALADE

Vous pâlissez, pauvre garçon ;
Expliquez-vous avec courage,
Sans modestie et sans façon ;
Je guéris même de la rage.
— Hélas ! Monsieur le médecin,
J'ai trop mangé de la salade ;
Ayez pitié d'un fantassin
Qui souffre bien d'être malade.

Refrain.

— Vite, avalez ce purgatif :
La fiole est assez profonde,
Il y en a pour tout le monde.

(*) Rue de l'Echiquier, 39, à Paris.

Je ne connais, c'est positif,
Qu'un remède qui réussisse :
Une purge, la diète et beaucoup d'exercice.

2° MALADE

Approchez-vous, mon cher ami.
Le pouls est vif, c'est une angine ;
Vous ne tremblez pas à demi :
C'est de la fièvre, j'imagine.
— Pardonnez-moi, Monsieur l'docteur,
J'étais grimpé sur le portique
Et j'ai tombé d'un' grand' hauteur :
J' dois avoir une sciatique

Refrain.

— Vite avalez ce purgatif :
La fiole est assez profonde,
Il y en a pour tout le monde.
Je ne connais, c'est positif,
Qu'un remède qui réussisse :
Une purge, la diète et beaucoup d'exercice.

3° MALADE

Vous dont le coude est tout meurtri,
Avec votr' min' sépulcrale...
— (Qu'on prépare mon bistouri...)

Et's-vous tombé d' la cathédrale?
— Non, j'ai z'un' fièvre de cheval
Que j'aurai rapportée d'Afrique ;
J'y suis pas été. C'est égal,
J'en souffre comme un' pauv' bourrique.

Refrain.

— Vite avalez ce purgatif :
La fiole est assez profonde.
Il y en a pour tout le monde.
Je ne connais, c'est positif,
Qu'un remède qui réussisse :
Une purge, la diète et beaucoup d'exercice.

4ᵉ MALADE

Et vous qui fait's semblant d' pleurer,
Avec un mouchoir sur la bouche,
Je n' prétends pas vous dévorer,
Mais j' vois là d'ssous quelque chos' de louche.
— M'sieu l'machor, ch'ai bas t'accitents ;
Rien tans los bieds, rien tans l'oreille,
Mais ch'ai z'un' viju mal té tents,
Qué ché n'fous so'hait bas la bareille.

Refrain.

— Vite, avalez ce purgatif :

La fiole est assez profonde,
Il y en a pour tout le monde.
Je ne connais, c'est positif,
Qu'un remède qui réussisse :
Une purge, la diète et beaucoup d'exercice.

BELFORT

Musique de O. Coquelet*.

I

Salut Belfort, cité fidèle !
    Nos ennemis
    S'étaient promis
D'escalader ta citadelle.
Tes soldats ne l'ont pas permis.
Noble étendard de l'avant-garde
    Qu'a respecté
    La liberté,
La patrie en deuil te regarde
Et te salue avec fierté !

Refrain.

Quand la voix du canon, demain, à la frontière
    Appellera
    La France entière,
Au premier coup de feu, Belfort se lèvera !

II

Les enfants vigoureux et braves
Ont, au danger,
Le cœur léger ;
Ils veulent briser tes entraves ;
O France ! ils veulent te venger ;
Ils veulent affronter la rage
Des vents du nord,
Braver la mort.
Dévouement, constance et courage :
Voilà les enfants de Belfort.

Refrain.

Quand la voix du canon, demain, à la frontière
Appellera
La France entière,
Au premier coup de feu, Belfort se lèvera !

III

Les vieillards ont vu notre France
Lutter, souffrir,
Près de périr.
Verront-ils, suprême espérance,
La victoire avant de mourir ?
Ils ont gardé de la défaite

Le souvenir.
Pour nous bénir,
Ils présideront à la fête
Que nous prépare l'avenir...

Refrain.

Quand la voix du canon, demain, à la frontière
Appellera
La France entière,
Au premier coup de feu, Belfort se lèvera !

EN ROUTE PAR LA PLUIE

Musique de A. Pinatel.
Editeur : A. Pinatel.

I

On march'rait mieux sur ces plateaux
Si l'on avait de p'tits bateaux,
— N'importe avec ou sans hélice. —
Dans les godillots, le pied glisse...
Car s'il ne cess' pas de pleuvoir,
On s' croira dans un abreuvoir
Ou dans le fond d'une rivière...
Enfin nous n'avons pas d' poussière !

Refrain.

Pour fair' notre étap' sans danger,
   Sous la céleste voûte,
Faut d'abord apprendre à nager,
   Avant d' se mettre en route.

II

On dit qu' c'est la vie en plein air ;
En pleine eau, j' trouv'rais ça plus clair.
Mais l' troupier n'est pas astronome
Et n' cherche pas comment ça s' nomme.
Si l' soleil ne l' fait pas rêver,
Il n'a pas b'soin de se laver.
Chacun son goût, chacun sa mode :
Les canards trouvent ça commode.

Refrain.

Pour fair' notre étap' sans danger,
    Sous la céleste voûte,
Faut d'abord apprendre à nager,
    Avant d' se mettre en route.

III

Amis, fêtons les cieux couverts,
Puisque les cieux bleus sont trop verts...
On n' trouve pas toujours d' la grive :
Faut s' contenter quoi qu'il arrive.
C'est ainsi que, charmés souvent
Par le tonnerre ou par le vent,
Nous chantons dans ce marécage,
Joyeux comm' des oiseaux en cage.

Refrain.

Pour fair' notre étap' sans danger,
Sous la céleste voûté,
Faut d'abord apprendre à nager,
Avant d' se mettre en route.

AVANT LE COMBAT

Musique de R. Schumann.
Éditeur : A. Pinatel.

En avant, fiers compagnons,
En avant, sans prendre haleine,
La voix grave des canons
Déjà tonne dans la plaine.

Si quelqu'un se sent trembler,
Celui-là peut s'en aller.
Ceux qui craignent la mitraille
Sont de trop pour la bataille.

Est-ce à l'heure du combat
Que déserte le soldat ?
Non ! plus l'ennemi menace,
Plus il faut montrer d'audace.

Tous ici nous le jurons :
Jusqu'au bout nous lutterons,
Pour inscrire une victoire
Au grand livre de l'histoire !

Nous voulons vaincre ou mourir
C'est la gloire à conquérir,
C'est l'honneur de la cocarde ;
Car la France nous regarde.

L'horizon luit sous l'éclair,
Les obus sifflent dans l'air....
Ce prélude a bien des charmes :
Mes amis, chargeons nos armes !

En avant, fiers compagnons !
Hâtons-nous, sans perdre haleine :
La voix grave des canons
Nous appelle dans la plaine.

L'ASSAUT *

Musique de Ch. L'Hass.
Editeur : L. Bathlot.

I

Soldats, dit le capitaine,
Je tiens à vous interroger.
Ils sont plus d'une centaine :
Voulez-vous les déloger ?
Ceux qui manquent de courage
Peuvent me donner leur nom....
Personne. Vite à l'ouvrage
Et baïonnette au canon !

Refrain.

L'ennemi s'enfuit au large
Quand il entend
Les Français mener la charge
Tambour battant.

II

Plus d'un brave tombe en route...
Ils ne se sont pas relevés....
En avant, coûte que coûte !
Nous voilà presque arrivés.
En avant ! le clairon sonne,
Soutenu par les tambours.
Et la vaillante colonne
Avance, avance toujours.

Refrain.

L'ennemi s'enfuit au large
Quand il entend
Les Français mener la charge
Tambour battant.

III

Sur notre troupe intrépide,
Qui déborde comme un volcan,
On ouvre le feu rapide ;
Rien n'arrête notre élan.
Les Français gagnent la crête,
Les balles peuvent pleuvoir,
Le capitaine est en tête....
Ah ! comme ils sont beaux à voir !

Refrain.

L'ennemi s'enfuit au large
Quand il entend
Les Français mener la charge
Tambour battant.

IV

La baïonnette française
Ne luit pas d'un éclat trompeur.
Les défenseurs mal à l'aise
Déjà frémissent de peur....
Tous bientôt prennent la fuite,
Baïonnette dans les reins ;
On leur fait une conduite
En chantant de gais refrains.

Refrain.

L'ennemi s'enfuit au large
Quand il entend
Les Français mener la charge
Tambour battant.

APRÈS LA BATAILLE

Musique de A. Pinatel.
Editeur : A. Pinatel.

I

Amis, la bataille est gagnée !
Ce fut une rude journée.
Et nous sommes joyeux d'avoir
Vaillamment fait notre devoir.
Les ennemis voulaient quand même
Vaincre dans la lutte suprême ;
Mais nous avions le diable au corps :
Nous sommes restés les plus forts !

Refrain.

Victoire ! c'est jour de fête :
Les ennemis sont en pleine retraite !
Victoire ! c'est jour de fête !
Quelques-uns dans la plaine ont trouvé leur tombeau
Gloire à ceux qui sont morts pour l'honneur du drapeau !

II

Soudain, un bataillon débouche...
Et nous n'avons plus de cartouche.
Notre chef nous croit hésitant :
D'un bond, il saisit à l'instant
Du drapeau la hampe criblée
Et s'élance dans la mêlée...
Et chacun de nous, le suivant,
Crie : hourrah ! hourrah ! en avant !

Refrain.

Victoire ! c'est jour de fête :
Les ennemis sont en pleine retraite !
Victoire ! c'est jour de fête !
Quelques-uns dans la plaine ont trouvé leur tombeau.
Gloire à ceux qui sont morts pour l'honneur du drapeau !

III

Quand la victoire est indécise,
La baïonnette la précise...
L'ennemi se défendit bien ;
Mais ça ne lui servit à rien,
Car, dans les moments les plus graves,

Nous avons été les plus braves !
Et maintenant, tambour battant,
Nous pouvons rentrer en chantant :

Refrain.

Victoire ! c'est jour de fête :
Les ennemis sont en pleine retraite !
Victoire ! c'est jour de fête !
Quelques-uns dans la plaine ont trouvé leur tombeau.
Gloire à ceux qui sont morts pour l'honneur du drapeau !

BEAU TAMBOUR

Musique de Ch. Hess.

I

Beau tambour aux bras robustes,
Qui fais vibrer sans effort
Des ras, des flas toujours justes,
Frappe de plus en plus fort.
Au bruit que font sur ta caisse
Tes deux baguettes de bois,
Que la bonne humeur renaisse
Et le vieil esprit gaulois!

Refrain.

Tes notes claires
    Rendent gais
Les militaires
    Fatigués.
Tes chants sont graves,
    Quand il faut
Lancer des braves
    A l'assaut.

II

Les tapins, les jours de fête,
Reluisent comme l'éclair;
Le tambour-major en tête
Fait sauter sa canne en l'air.
Au son qui tonne et qui roule,
Filles et gars vivement,
Tout le monde vient en foule
Voir passer le régiment.

Refrain.

Les notes claires
  Rendent gais
Les militaires
  Fatigués.
Les chants sont graves,
  Quand il faut
Lancer les braves
  A l'assaut.

III

Un soir, triste, sans ressource,
On rentre au camp tout mouillé;
Mais, malgré la longue course,
Le tambour s'est débrouillé :

Lui, le loustic de la troupe,
A mis la marmite au four;
Les soldats mangent la soupe
A la santé du tambour!

Refrain.

Ses notes claires,
   Rendent gais
Les militaires
   Fatigués.
Ses chants sont graves,
   Quand il faut
Lancer les braves
   A l'assaut.

IV

Quelquefois, sur une crête,
La lutte dure longtemps;
Lorsque le clairon s'arrête,
Tu soutiens les combattants.
Fier tambour, ta caisse ronde
Donne du cœur aux soldats;
Tu fais du bruit dans le monde
Et tu nous mets tous au pas.

Refrain.

Tes notes claires
    Rendent gais
Les militaires
    Fatigués.
Tes chants sont graves,
    Quand il faut
Lancer les braves
    A l'assaut.

FIER CLAIRON

Musique de Ch.-L. Hess.

I

Toujours content, toujours alerte,
Et toujours le premier debout,
Je marche dans la lande verte
Pour porter les ordres partout...
Quand la lutte se précipite,
Pour enlever le régiment,
Il faut parler plus haut, plus vite;
J'embouche mon clairon gaiment.

Refrain.

Et dans la mêlée,
A toute volée,
Pavillon au vent,
Je sonne : En avant !

II

Mes notes sont vives, limpides :
Aux éclats d'un brillant refrain,
Je lance au combat les timides,
Je donne aux braves de l'entrain.
Ma voix, dominant la mitraille,
Fait vibrer les commandements ;
Je suis le roi de la bataille
Où je conduis les régiments.

Refrain.

Et dans la mêlée,
A toute volée,
Pavillon au vent,
Je sonne : En avant !

III

Si le tambour, mon camarade,
Dans les villes de garnison,
A quelques succès de parade,
Je ne lui cherche pas raison.
Son bonheur ne me trouble guère,
Je compte aussi des jours heureux ;
Et puis, je sais bien qu'à la guerre,
Les balles sifflent pour nous deux.

Refrain.

Et dans la mêlée,
A toute volée,
Pavillon au vent,
Je sonne : En avant !

IV

Faut-il retarder la retraite?
C'est le moment de sonner fort.
Je grimpe alors sur une crête,
Et je sonne jusqu'à la mort.
Quand nous touchons à la victoire,
Fier et joyeux, je sonne encor :
Je chante l'honneur et la gloire,
Dans mon clairon aux reflets d'or.

Refrain.

Et dans la mêlée,
A toute volée,
Pavillon au vent,
Je sonne : En avant !

LE RÊVE DU PRISONNIER

Musique de O. Cocquelet.

I

La trompette et le clairon
Sonnent la charge intrépide,
Et j'enfonce l'éperon
Au flanc du cheval rapide.
Les escadrons, se heurtant,
Frappent d'estoc et de taille.
Ah! je tombe en combattant.
Mais nous gagnons la bataille.

Ainsi, le prisonnier rêvait,
Et de ses yeux mi-clos suivait
    Un nuage,
Qui, peut-être, s'était formé
Où lui-même il avait aimé,
    Au village.

II

C'est moi, Jeannette, c'est moi,
Moi qui reviens et qui t'aime,
Moi, qui t'ai gardé la foi,
La foi jurée ici même.
Ne pleure plus sur mon sort :
Je renais à ton sourire...
Non! Jeannette me croit mort!...
Ah! si je pouvais écrire.

Ainsi, le prisonnier rêvait,
Et de ses yeux mi-clos suivait
          Un nuage,
Qui, peut-être, s'était formé,
Où lui-même il avait aimé,
          Au village.

L'ENFANT SOLDAT

Musique de Ch.-L. Hess.
Éditeur : L. Bathlot.

I

Je suis un simple potache,
Et déjà sous le dolman,
Avec un peu de moustache,
J'aurai l'air d'un vétéran.
C'est que je connais mon rôle :
Il faut du cœur, je le sais ;
Et mon fusil sur l'épaule,
Fait bouillir mon sang français.

Refrain.

Fier d'être volontaire,
  Qu'on le sache bien :
Sous l'habit militaire,
  Je n'ai peur de rien.

II

Au dernier tir à la cible,
J'ai mis six fois dans le noir.
Mieux tirer est impossible ;
Aussi bien ? c'est à savoir.
J'ai seize ans ; je suis robuste,
J'aime les airs de combat ;
Marchant bien et visant juste,
Ne suis-je pas un soldat ?

Refrain.

Fier d'être volontaire,
  Qu'on le sache bien :
Sous l'habit militaire,
  Je n'ai peur de rien.

III

Je suis prêt pour la bataille :
J'ai de la poudre et du plomb.
Mon sabre n'est pas de paille ;
Et j'ai déjà de l'aplomb.
La guerre qui va renaître,
Doit être une lutte à mort :
Le vaincu doit disparaître ;
Il faut être le plus fort !

Refrain.

Fier d'être volontaire,
  Qu'on le sache bien :
Sous l'habit militaire,
  Je n'ai peur de rien.

EN ALGÉRIE

Musique de A. Pinatel
Editeur : A. Pinatel.

I

Le soleil darde ses rayons
Sur les plateaux de l'Algérie ;
Et, chemin faisant, nous voyons
Que nous n'somm's pas en Sibérie.
Il pouss' des arbres et des fleurs
De la plus superbe apparence :
On en voit de tout's les couleurs ;
Mais ça n'vaut pas le ciel de France.

Refrain.

Quand mêm' nous somm' toujours contents
    Du temps :
Sitôt qu'il pleut, comm' dit Gribouille,
    Ça mouille ;
Et dès que reluit le soleil
    Vermeil,

Nous chantons que la canicule
Ça brûle.

II

Quand nous traversons le désert,
Nous portons tous nos biens en croupe :
Des tent's pour nous mettre à convert
Et des biscuits en guis' de soupe.
Nous somm' plus chargés qu' les chameaux
Que derrière nous on promène ;
Nous n'rencontrons qu' des animaux,
Jamais une figure humaine.

Refrain.

Quand mêm' nous somm' toujours contents
Du temps :
Sitôt qu'il pleut, comm' dit Gribouille,
Ça mouille.
Et dès que reluit le soleil
Vermeil,
Nous chantons que la canicule
Ça brûle.

III

C'est charmant de voir l'horizon
S'allumer soudain tout en rose ;

Mais, lorsqu'on porte sa maison,
C'est de la poésie en prose.
Puis... fait-il soif dans c' pays-là !
On souffre tout pour la Patrie.
Il y pouss' des lauriers ; voilà
Pourquoi nous aimons l'Algérie.

Refrain.

Aussi sommes-nous toujours contents
        Du temps :
Sitôt qu'il pleut, comm' dit Gribouille,
        Ça mouille ;
Et dès que reluit le soleil
        Vermeil,
Nous chantons que la canicule
        Ça brûle.

LA DÉLIVRANCE

Musique de E. FEAUTRIER.

C'est la troisième fois que nos fiers ennemis
    Profanent notre territoire.
    Celui qui donne la victoire,
    Français, ne leur a rien promis...
    . . . .
    Mais nous eûmes nos jours de fête,
    Quand, par une seule défaite,
    Jadis nous les avons soumis.

I

Aux échos des canons qui roulent dans les plaines,
Au bruit du sol battu par les chevaux fougueux,
Rappelons-nous nos pleurs, pensons aux vieilles haines
Que le temps creuse encore avec ses doigts rugueux,
Comme un sillon d'espoir qui germe dans nos âmes.
    Allons au-devant du danger.

Quittons nos enfants et nos femmes,
Et chassons, chassons l'étranger !

Refrain.

Jurons la délivrance :
Aux armes, nobles cœurs !
Aux armes pour la France
Et revenons vainqueurs !

II

Rougissant sous les plis du voile expiatoire,
Nos fronts se sont courbés sous le joug du plus fort.
Déchirons aujourd'hui cette page d'histoire ;
Français, redressons-nous, par un vaillant effort,
Sur nos derniers revers, labourons une trace
      Glorieuse de nos succès !
      Que nos fils soient de bonne race,
      Et qu'ils soient fiers d'être Français !

Refrain.

Jurons la délivrance :
Aux armes, nobles cœurs !
Aux armes pour la France
Et revenons vainqueurs !

III

Arrachons les bandeaux qui bâillonnent nos bouches ;
Soldats, rappelons-nous notre antique fierté ;
Répondons au défi de ces hordes farouches,
En criant : Guerre sainte ! en criant : Liberté !
En avant, en avant ! On prend à coup d'audace
    Les plus superbes bastions.
    Français, reprenons notre place
    A la tête des nations.

Refrain.

    Jurons la délivrance :
    Aux armes, nobles cœurs !
    Aux armes pour la France
    Et revenons vainqueurs !

LE DRAPEAU [*]

Musique de Ch. Delioux.
Editeur : L. Bathlot.

I

Flottant radieux dans l'espace,
Enfants, cet étendard qui passe
Et que vous admirez si brillant et si beau,
Enfants, c'est l'honneur, la vaillance,
C'est l'image de notre France,
Le Drapeau.

II

Soldats, quand tonne la mitraille,
Il plane au fort de la bataille,
Et plus d'un brave a pris son ombre pour tombeau.

---

[*] Créé par Soulacroix, à l'Opéra national de musique, le 31 mai 1887.

C'est le cri de la délivrance,
L'emblême sacré de la France,
Le Drapeau.

III

Vieillard, dont le front se penche,
Redresse donc ta tête blanche,
Regarde avec fierté ce glorieux lambeau :
C'est le passé, c'est l'espérance,
Le représentant de la France,
Le Drapeau.

LA TOUR D'AUVERGNE

Musique de A. Pinatel.
Editeur : A. Pinatel.

Salut, La Tour d'Auvergne! A ta gloire fidèle,
Ton dernier régiment qui t'a pris pour modèle
    A mis en toi toute sa foi.
Quand il faudra demain courir à la frontière,
Nous irons aiguiser nos armes sur ta pierre
    Pour être brave comme toi!

I

Grand par une illustre naissance,
Plus grand encore par le cœur,
Dans la bataille sa présence
Est synonyme de vainqueur.
Il resta pur aux heures graves;
Ce fut un chercheur, un savant,
Il fut brave entre les plus braves
Et modeste après comme avant.

II

Il franchit les glaciers; les villes
Se rendent avec leur château.
Les balles qu'il charme, dociles,
Restent au pli de son manteau.
Et les colonnes infernales
Qu'il conduit d'exploits en exploits,
Dans nos glorieuses annales,
Ecrivent dix noms à la fois.

III

Prisonnier, on lui fit défense
De porter sa cocarde en l'air.
Corret, indigné de l'offense,
Prend l'emblème, met sabre au clair.
Et l'enfilant jusqu'à la garde,
Dit aux Anglais, sans se presser :
« Venez la prendre, je la garde! »
Il fallut bien la lui laisser.

IV

Un jour, il consulta ses hommes :
« De colonel j'ai le brevet.
— Nous disons tous tant que nous sommes,

Colonel! on vous le devait. »
Puis pleurant : Adieu, capitaine!
— Non! j'ai voulu vous aviser,
Je reste, la chose est certaine,
Mes amis, je vais refuser.

V

Comme il refuse honneurs et grade,
Et qu'il est connu cependant
Pour le plus vaillant camarade,
Bonaparte, au génie ardent,
Le nomme, un jour, dans l'espérance
Que peut-être il acceptera,
Le Premier grenadier de France,
Et ce beau nom lui restera.

VI

La dernière charge s'élance...
Corret lui barre le chemin.
En plein cœur, frappé d'une lance,
Il tombe l'épée à la main...
Mais il ne meurt pas tout de suite :
Il attend la fin du combat,
Pour voir les Autrichiens en fuite...
La belle mort pour un soldat!

VII

Nos bons grenadiers, dit l'Histoire,
Portaient dans une urne, aux combats,
Son cœur, talisman de victoire,
Pour ses enfants, ses chers soldats.
Son nom reste à notre contrôle.
Quand on l'appelle, avec ferveur
Le plus ancien prend la parole
Et répond : *Mort au champ d'honneur !*

Salut La Tour d'Auvergne ! A ta gloire fidèle,
Ton dernier régiment qui t'a pris pour modèle
    A mis en toi toute sa foi.
Quand il faudra demain courir à la frontière,
Nous irons aiguiser nos armes sur ta pierre
    Pour être braves comme toi !

TABLE DES MATIÈRES